# Kuchen backen

## Alltagsglück und Sonntagsfreuden

> **Autorin: Christa Schmedes** | Fotos: **Kai Mewes**

# Inhalt

## Extra

` ➤ **GU Serviceseiten**

## Backspaß pur

Drei Kuchenfamilien haben sich
hier versammelt und wollen
nachgebacken werden:
Die Einfachen für jeden Tag
und jeden Anlass, schnell
gerührt und in den Backofen
geschoben.
Die Saftigen und Fruchtigen
schmecken obstig-frisch. Auch
sie gelingen leicht und lassen
sich gut vorbereiten.
Und wer bisher vor den Klassi-
kern zurückscheute, kann sich
hier ruhig dranwagen. Bienenstich, Sachertorte, ja sogar der
Baumkuchen sind gar nicht so
kompliziert. Ein bisschen Zeit
muss man sich nehmen, aber
das Ergebnis lohnt die Mühe!
Mit Warenkunde und vielen
Infos rund ums Backen werden
Sie spätestens jetzt zum
Experten!

3

# Vor- und Nachbereitungen

*Kuchen stürzen*
*Aus einer gut vorberei-*
*teten Form lässt sich ein*
*Kuchen leicht stürzen.*

## 1 | Backform vorbereiten

Damit man den gebackenen Teig wieder aus der Form bekommt, muss diese vorbereitet werden.

Enge, geschlossene Formen wie Kasten- oder Guglhupfformen müssen gut gefettet werden und danach noch ausgestreut. Dafür nimmt man Mehl, Semmelbrösel oder Nüsse, die auch im Teig verwendet wurden.

Fürs Backblech oder die Springform reicht meistens Fett oder Backpapier.

**Fetten:** Dafür nimmt man Butter, Margarine oder Öl. Weiches Fett mit einem Backpinsel auftragen, hartes Fett mit Küchenpapier verteilen.

**1**

*Form vorbereiten*
*»Schwierige Formen«*
*gut fetten und mit*
*Bröseln ausstreuen.*

**Ausstreuen:** Die benötigte Menge Brösel, Nüsse o. ä. in die Form geben. Die Form schief halten und die Brösel durch Klopfen verteilen.

**Backpapier:** In die Springform das Papier einklemmen und dann ringsum abschneiden. Das Backblech in den Ecken fetten und das Papier darauf legen. So rutscht es nicht gleich davon. Bei manchen Papiersorten muss man darauf achten, dass die richtige Seite oben liegt.

## 2 | Teig formen

Mürbeteig wird meist auf Mehl ausgerollt und in die Form oder das Blech gelegt. Für die Springform muss man dann noch einen Rand formen und an den Boden und den Formrand drücken. Einfacher geht's, den Mürbeteig etwas flach zu drücken und dann gleich in der Form mit den Fingern hinein- und am Rand hochzudrücken. Hefeteig wird ebenfalls auf Mehl verarbeitet. Nicht zu viel Mehl zum Arbeiten verwenden, da die Teige sonst zu trocken und brüchig werden.

## 3 | Nach dem Backen

Den Kuchen in der Form zunächst etwa 10 Min. ruhen und ausdampfen lassen. Dann aus der Form lösen. Dafür mit einem dünnen Messer am Rand entlangfahren. (Achtung bei beschichteten Formen!) Von der Springform den Rand lösen und den Kuchen mit einer Palette abnehmen oder stürzen. Aus anderen Formen durch Klopfen herausstürzen. Den Kuchen ganz auskühlen lassen. Dann wird er je nach Rezept weiterverarbeitet oder verziert oder kann gleich serviert werden.

### Springform/rundes Back-blech:
Sie werden in verschiede-nen Größen angeboten (von 18–32 cm Ø). Die Springform hat einen herausnehmbaren Boden, meistens gehört ein Kranz-kucheneinsatz dazu. Statt des runden Blechs verwenden Sie die Springform ohne Rand.

### Gugelhupf-/Napfkuchen-form:
Sie haben einen Kamin in der Mitte, damit auch schwere Teige gleichmäßig aufgehen können. Die Springform mit Kranz-kucheneinsatz können Sie genau so gut verwenden.

### Kastenform:
Es gibt sie in Größen von 20–30 cm. Sie wird verwendet für feine Sandkuchen und Rührkuchen.

### Rehrücken-/Margareten-form:
Sie haben einen gewellten Boden, die Margaretenform auch einen gewellten Rand, und sind für zarte Rühr- und Schokoladen-teige geeignet.

### Tarte-/Obstkuchenform:
Beide haben einen niedrigen Rand. Der Rand der Obstboden-form ist gewellt, genauso wie der für die kleinen Torteletts. Obst-kuchenformen gibt es auch mit abnehmbarem Boden.

### Andere Formen:
Nicht zu ver-gessen das Backblech mit nied-rigem und hohem Rand. Alle Formen gibt es aus Weiß- oder Schwarzblech. Die besten Ergeb-nisse erzielt man im E-Herd mit Schwarzblech, im Gasherd mit Weißblech.
Aus den neuen Silikonformen geht jeder Kuchen ganz leicht heraus.

5

# Grundteige

**Mürbeteig:** 300 g Mehl mit 1 Prise Salz und 100 g Zucker mischen. 200 g kalte Butter in kleinen Stücken und 2 Eigelbe oder 1 kleines ganzes Ei dazugeben und alles rasch zu einem glatten Teig verkneten. Bis zum Gebrauch in den Kühlschrank legen. Ideal für Obstböden. Für den **gerührten Mürbeteig** werden Butter, Zucker und Eigelbe gerührt und das Mehl untergeknetet. Dieser Teig ist zart und lässt sich hauchdünn ausrollen. Am besten für Kleingebäck. **Vollkorn**bäcker kneten den Teig aus 300 g Weizenvollkornmehl, 80 g Vollrohrzucker oder 2 EL flüssigem Honig, 200 g Butter und 2–3 EL kaltem Wasser.
**Wichtig:** Mürbeteig schnell aus kalten Zutaten kneten, kalt stellen und kalt verarbeiten.

**Rührteig:** 250 g weiche Butter mit 200 g Zucker und 1 Päckchen Vanillezucker cremig rühren. Nach und nach 4 Eier unterrühren. 250 g Mehl mit 1/2 TL Backpulver mischen und schnell unterheben. Wer mag, rührt noch 1 TL Zitronen- oder Orangenschale oder 2 EL Rum oder Cognac unter.
**Vollkornrührteig** wird aus 250 g Butter, 200 g Vollrohrzucker oder 4 EL Honig, 4 Eiern, 3 EL Joghurt, 1/4 TL Backpulver und 250 g Weizenvollkornmehl gerührt.
**Wichtig:** Eier, Butter und Zucker werden lange gerührt. Das Mehl muss man dann schnell und kurz unterarbeiten und den Teig gleich backen.

**Hefeteig:** 500 g Mehl in eine Schüssel gebe, in die Mitte eine Mulde drücken. 1 Würfel Hefe zerbröckeln und in 1/8 l lauwarmer Milch glatt rühren. Die Hefemilch in die Mehlmulde gießen, mit 1 Prise Zucker bestreuen und zugedeckt an einem warmen Ort 15 Min. gehen lassen. 80 g Butter zerlassen, mit 1/8 l Milch, 60 g Zucker und 1 Ei zum Vorteig geben. Den Teig schlagen, bis er sich vom Schüsselrand löst. Zudecken und zur doppelten Größe aufgehen lassen.
**Tipp:** Hefeteig wird besonders locker, wenn Sie 1–2 EL Quark untermischen.

**Biskuitteig:** 6 Eier trennen. Die Eiweiße mit 1 Prise Salz steif schlagen. 300 g Zucker und die Eigelbe einrühren. 175 g Mehl über die Eimasse sieben und vorsichtig mit einem Holzlöffel unterziehen. Für Obstkuchen und Cremetorten.
**Blitzkuchen:** Den Teig auf ein gefettetes Blech streichen. 100 g flüssige Butter, 100 g gehackte Mandeln oder Pecannüsse und 1 Päckchen Vanillezucker mischen und auf der Biskuitmasse verteilen. Im vorgeheizten Ofen bei 175° (Mitte, Umluft 160°) 20 Min. backen.
**Wichtig:** Den Backofen während des Backens nicht öffnen, sonst fällt der Teig zusammen.

**Quark-Öl-Teig:** 200 g Magerquark mit 100 g Zucker, 6 EL Milch, 8 EL Öl und 1 Ei mischen. 400 g Mehl mit 1 Päckchen Backpulver mischen. Die Hälfte in die Quarkmasse rühren, restliches Mehl unterkneten. Bis zum Gebrauch in Klarsichtfolie wickeln und kühl stellen.
**Aprikosenkuchen:** Den Teig auf einem gut gefetteten Backblech ausrollen. 2 EL gehackte Kürbiskerne und 1 Päckchen Vanillezucker auf den Teig streuen. Abgetropfte Aprikosen aus der Dose darauf verteilen. Im vorgeheizten Ofen bei 180° (Mitte, Umluft 160°) 25 Min. backen. Noch warm mit Schlagsahne servieren.
**Wichtig:** Quark-Öl-Teig kann man gut vorbereiten und ein paar Stunden kühl stellen.

**Brandteig:** 1/4 l Wasser oder Milch mit 1/2 TL Salz und 50 g Butter in einem breiten Topf zum Kochen bringen. 125 g Mehl auf einmal dazugeben und rühren, bis die Masse glatt ist und sich ein Kloß bildet. Vom Herd ziehen und 4 Eier einzeln gut unterrühren. Es muss sich immer wieder ein Kloß bilden. Der fertige Teig soll weich und glänzend sein.
**Windbeutel:** Den Teig mit zwei Teelöffeln abnehmen und kleine Tupfen mit 5 cm Abstand auf das Blech auf Backpapier setzen. Im vorgeheizten Ofen bei 220° (Mitte, Umluft 200°) 20–25 Min. backen. Die fertigen Windbeutel mit Schlagsahne füllen.
**Wichtig:** Während des Backens den Ofen nicht öffnen, damit das Gebäck schön aufgeht.

# Tipps und Tricks rund ums Backen

## Schokolade reiben

➤ Das gelingt am besten, wenn die Schokolade gut gekühlt ist. Sie können die Schokolade auf einer Handreibe oder mit der Küchenmaschine reiben.

## Mandeln abziehen

➤ Ungeschälte Mandeln in kochendes Wasser geben, kurz aufkochen lassen und auf ein Sieb schütten. Aus den Häutchen drücken und trocknen lassen.

## Haselnüsse häuten

➤ Nüsse auf ein trockenes Backblech legen, im Backofen bei 200° erhitzen, bis sich die Häutchen lösen. Die Nüsse in einem sauberen Tuch mit kreisenden Bewegungen abreiben.

## Trockenfrüchte

➤ Weinbeeren, Zitronat und andere Trockenfrüchte mit etwas Mehl bestäuben, bevor sie in den Teig kommen. So sinken sie während des Backens nicht ein.

## Backformen

➤ Oft hat man eine andere Formgröße als im Rezept angegeben. So lange der Unterschied nur eine Größe beträgt (26 statt 28 cm Ø z. B.), macht das nichts aus. Sonst müssen Sie den Nachbarn nach einer passenden Form fragen.

## Eigröße

➤ Sie werden in verschiedenen Gewichtsklassen angeboten. Für die Rezepte in diesem Buch sind Eier der Klasse M (53–63 g) optimal.

Wer größere verwendet, nimmt einfach 1 Ei weniger als angegeben.

## Instant-Mehl

➤ Es macht Kuchenteige fester als normales Mehl. Darum etwas mehr Flüssigkeit dazugeben, als im Rezept angegeben ist.

## Butter zu hart

➤ Ist die Butter zu hart, einfach in kleinen Stücken in die Schüssel geben, bei Zimmertemperatur wird sie schnell weich.

## Rührteig gerinnt

➤ Die Schüssel mit den Zutaten ins warme Wasserbad stellen und rühren, bis die Masse wieder glatt und cremig ist.

## Hefeteig

➤ Hefeteig nicht auf die Heizung stellen. Bei der ungleichmäßigen Wärmezufuhr, die dadurch entsteht, kann der Teig nicht gleichmäßig aufgehen.

## Mürbeteig ausrollen

➤ Mürbeteig lässt sich zwischen Klarsichtfolie problemlos ausrollen. Folie einfach abziehen, Mürbeteigplatte in die Form legen.

## Sahne schlagen

➤ Sahne muss gut gekühlt sein. Wichtig ist außerdem, dass auch der Rührbecher und die Schneebesen kalt sind. Die Sahne fast steif schlagen und erst dann Zucker dazugeben. Bis zum Gebrauch kühl stellen.

## Kuchen geht nicht aus der Form

➤ Ein feuchtwarmes Küchentuch für kurze Zeit um die Form wickeln.

## Biskuit

➤ Biskuit schmeckt am besten, wenn der gebackene Teig 1 Tag geruht hat und man ihn dann weiterverarbeitet.

## Biskuitrolle bricht

➤ Die Backzeit für die Biskuitrolle unbedingt einhalten (10–12 Min.).

Bleibt der Biskuit zu lange im Ofen, trocknet er schnell aus und bricht beim Aufrollen.

## Biskuit teilen

➤ Den Rand des gebackenen Teigbodens mit einem spitzen Messer ringsherum etwa 1 cm tief einschneiden. Küchengarn in den Einschnitt legen, die Enden des Fadens über Kreuz legen und fest anziehen, dabei wird der Boden gleichmäßig durchgeschnitten.

## Aprikotieren

➤ Aprikosenkonfitüre mit etwas Wasser unter Rühren erhitzen und durch ein Sieb streichen. Den Kuchen damit überziehen. Durch das Aprikotieren bleibt der Kuchen frisch und die Glasur haftet besser.

## Kuchen einfrieren

➤ Kuchen lassen sich problemlos einfrieren. Am besten die nicht glasierten Kuchen in Folie einschlagen und einfrieren. Haltbarkeitsdauer 1–2 Monate.

# Der letzte Schliff
## Kuchen verzieren und dekorieren

Der optische Eindruck eines Kuchens fällt zuerst ins Auge. Mit einfachen Mitteln kann man im Handumdrehen Kuchen zum Glanzstück einer Kaffetafel werden lassen. Mit Schablonen aus Papier können Sie Muster (Streifen, Herzen, Sterne) je nach Anlass herstellen. Schablone auf den Kuchen legen, Puderzucker oder Kakao darüber stäuben und die Schablone vorsichtig entfernen. So lassen sich tolle Effekte zaubern.

Glasuren aus Puderzucker sind auch ganz leicht gemacht. 200 g Puderzucker mit 4 EL Flüssigkeit zu einem zähflüssigen Guss verrühren. Hierfür können Sie je nach Geschmack Wasser, Saft, Alkohol, lauwarme Milch, Zitronen- oder Orangensaft nehmen. Oder den Guss mit Speisefarbe einfärben.

Für einen Schokoladenüberzug eignen sich Zartbitterkuvertüre, Vollmilchkuvertüre und weiße Schokoladenkuvertüre.

Unkomplizierter in der Handhabung, aber auch nicht so fein, ist die Fettglasur, die man einfach schmilzt und über den Kuchen gießt. Es gibt sie in den Geschmacksrichtungen Zartbitter, Vollmilch, Nuss und Zitrone.

Für die Verzierung bieten die Backwarenabteilungen in Supermärkten eine große Auswahl an fertigen Dekorationen an.

**DEKO-IDEEN**

### Deko-Ideen

**✗ Spritzglasur**
1 sehr frisches Eiweiß halbsteif schlagen. 250 g Puderzucker unterrühren. Glasur in einen Gefrierbeutel füllen. Ein kleines Loch einstechen.

**✗** Graffitimuster auf den Kuchen spritzen.

**✗ Kleine Tüten**
Ein Dreieck aus Pergament- oder Backpapier ausschneiden. Von der langen Seite her zu einer Tüte formen. Die Enden nach innen umknicken, damit die Tüte zusammenhält.

**✗ Schokofrüchtchen**
Zartbitterkuvertüre im Wasserbad schmelzen lassen. Früchte (z. B. Beeren, Physalis, Kirschen mit Stiel, Karambole in Scheiben) zur Hälfte in Schokolade tauchen. Leicht antrocknen lassen, den Kuchen damit verzieren.

**✗ Schokoblätter**
Frische Rosenblätter waschen, gut trocknen. Blätter am Stiel halten und 1 Seite in die Schokolade halten. Die Blätter mit der Schokoladenseite nach oben auf Backpapier legen. Erstarren lassen. Danach die grünen Blätter vorsichtig abziehen.

## Schokoladenglasur

150 g Zartbitterkuvertüre kleinschneiden und in eine Edelstahlschüssel geben. Diese in ein heißes Wasserbad stellen (das Wasser darf nicht kochen) und unter Rühren schmelzen. Abkühlen lassen und nochmals schmelzen. So bekommt sie einen besonders schönen Glanz. Geschmolzene Kuvertüre auf die Torte gießen und mit einer Palette glatt streichen.

1

2

## Zuckerglasur

200 g Puderzucker mit 3 EL lauwarmer Milch und 1 EL Zitronensaft glatt rühren. Die Glasur mit einem Esslöffel auf dem Kuchen verteilen und mit einer Palette glatt streichen.
Wer mag, kann den Kuchen noch mit gekaufter Deko garnieren (z. B. kandierte Veilchen oder Rosen).

## Puderzucker

3

Puderzucker durch ein Sieb auf den Kuchen stäuben. Muster entstehen durch Schablonen aus Papier oder auch Besteck (Löffel, Gabel), das man auf die Kuchenoberfläche legt. In die Zwischenräume Puderzucker stäuben.

# Die Einfachen für jeden Tag

Leicht zu machen und super lecker. Da gönnt man sich nicht nur sonntags ein Stück Kuchen, sondern genießt am liebsten täglich einen neuen Kuchentraum. Selbst die Deko geht schnell: ob mit Zuckerguss überziehen, Schokoglasur bestreichen oder Puderzucker bestäuben – fertig ist der Kuchen für den Nachmittagskaffee.

# Blitzrezepte

## Bananenkuchen

FÜR 16 STÜCK

➤ 4 reife Bananen | 250 g weiche Butter
225 g Zucker | 1/4 TL gemahlener
Ingwer | 1/4 TL Zimtpulver | 4 Eier
50 g gehackte Walnüsse | 350 g Mehl
1 TL Backpulver | Fett für das Blech

1 | Das Backblech fetten. Backofen auf
200° vorheizen. Bananen zerdrücken.
Butter mit Zucker, Ingwer, Zimt und Eiern
schaumig rühren. Bananenmus und Walnüsse unterrühren. Mehl mit Backpulver
mischen und nach und nach unter den
Teig rühren.

2 | Teig auf das Blech streichen und
im Ofen (Mitte, Umluft 180°) 15 Min.
backen.

## Karamellisierter Mandelkuchen

FÜR 1 SPRINGFORM VON 24 CM Ø
(12 STÜCK)

➤ 140 g Butter | 3 Eier | 150 g Zucker
150 g Mehl | 2 EL Honig | 100 g Sahne
100 g Mandelstifte | Fett für die Form

1 | Backofen auf 180° vorheizen. Form
fetten. 100 g Butter schmelzen. Eier mit
Zucker schaumig rühren. 150 g Mehl unterrühren, die flüssige Butter unterziehen.

2 | Teig in die Form füllen. Im Ofen (Mitte,
Umluft 160°) 20 Min. backen. Inzwischen
40 g Butter, Honig und Sahne erhitzen
und 2 Min. kochen lassen. Mandeln gut
unterrühren. Die Mandelmasse auf dem
Kuchen verteilen und 15 Min. backen.

### Klassiker | einfach
# Marmorkuchen

FÜR 1 KASTENFORM VON
30 CM LÄNGE (16 STÜCK)

- ➤ 250 g Butter
  375 g Zucker
  2 Päckchen Vanillezucker
  5 Eier
  500 g Mehl
  1 Päckchen Backpulver
  2 EL Milch
  2 EL Kakaopulver
  2 EL Sahne
  2 Tropfen Bittermandelöl
  1 EL Rum (nach Belieben)
  Fett und Mehl für die Form

- 🕐 Zubereitung: 25 Min.
- 🕐 Backzeit: 55 Min.
- ➤ Pro Stück ca.: 365 kcal

1 | Den Backofen auf 180° vorheizen. Die Form fetten und mit Mehl bestäuben.

2 | Butter mit Zucker und Vanillezucker verrühren. Eier nach und nach dazugeben und rühren, bis sich der Zucker aufgelöst hat. Mehl mit Backpulver mischen und abwechselnd mit der Milch unter den Teig rühren.

3 | Zwei Drittel des Teigs in die Form füllen. Unter den Rest des Teiges Kakao, Sahne, Bittermandelöl und Rum mischen. Den dunklen Teig auf den hellen geben und mit einer Gabel spiralförmig durchziehen.

4 | Den Kuchen im Ofen (Mitte, Umluft 180° ) 55 Min. backen.

- ➤ Fertig stellen: Mit Puderzucker bestäuben.

### gut vorzubereiten
# Tiroler Nusskuchen

FÜR 1 SPRINGFORM MIT
KRANZBODEN VON
24 CM Ø (16 STÜCK)

- ➤ 200 Zartbitterschokolade
  6 Eier | 1 Prise Salz
  200 g weiche Butter
  250 g Zucker
  1 TL abgeriebene Orangenschale
  1 TL Zimtpulver
  200 g gemahlene Haselnüsse
  150 g Mehl
  1 TL Backpulver
  Fett und Semmelbrösel für die Form

- 🕐 Zubereitung: 25 Min.
- 🕐 Backzeit: 60 Min.
- ➤ Pro Stück ca.: 370 kcal

1 | Den Backofen auf 180° vorheizen. Die Form fetten und mit Bröseln ausstreuen. Die Schokolade fein reiben.

2 | Die Eier trennen. Eiweiße mit Salz steif schlagen. Butter mit Zucker und Eigelben cremig rühren. Orangenschale, Zimt und Haselnüsse dazugeben. Das Mehl mit Backpulver mischen und unterheben. Eischnee unterziehen und die Schokolade unterheben.

3 | Den Teig in die Form füllen, im Ofen (unten, Umluft 160°) 60 Min. backen. Den abgekühlten Kuchen vorsichtig aus der Form lösen.

- ➤ Fertig stellen: Mit Fettglasur (Haselnuss) überziehen.

gelingt leicht

# Margareten-kuchen

FÜR 1 MARGARETEN- ODER
SPRINGFORM VON 28 CM Ø
(16 STÜCK)

➤ **100 g Butter**
**200 g Marzipanrohmasse**
**100 g Zucker**
**1 Päckchen Vanillezucker**
**2 Eier**
**4 Eigelb**
**100 g Sahne**
**abgeriebene Schale von**
**1 unbehandelten Zitrone**
**150 g Mehl**
**Fett für die Form**

🕐 Zubereitung: 20 Min.
🕐 Backzeit: 50 Min.
➤ Pro Stück ca.: 220 kcal

1 | Backofen auf 175° vorheizen. Die Backform fetten. Die Butter schmelzen.

2 | Marzipan in kleine Stücke schneiden. Mit Zucker, Vanillezucker und Eiern cremig rühren. Eigelbe, Sahne und Zitronenschale einrühren. Das Mehl unterheben, zum Schluss die zerlassene Butter einrühren.

3 | Den Teig in die Form füllen. Im Ofen (Mitte, Umluft 160°) 50 Min. backen.

➤ Fertig stellen: Zuckerguss aus 150 g Puderzucker, 2 EL Wasser und 1 EL Mandellikör (Seite 10/11) rühren und den Kuchen damit überziehen.

schnell

# Spanischer Mandelkuchen

FÜR 1 SPRINGFORM VON
26 CM Ø (12 STÜCK)

➤ **6 Eier**
**1 Prise Salz**
**200 g Puderzucker**
**2 Päckchen Vanillezucker**
**abgeriebene Schale von**
**1 unbehandelten Orange**
**1/2 TL Zimtpulver**
**200 g geschälte, gemahlene Mandeln**
**Fett für die Form**

🕐 Zubereitung: 15 Min.
🕐 Backzeit: 30 Min.
➤ Pro Stück ca.: 210 kcal

1 | Den Backofen auf 200° vorheizen. Die Form fetten. Eier trennen. Eiweiße mit Salz steif schlagen. Eigelbe mit Puderzucker und Vanillezucker cremig rühren. Orangenschale und Zimt dazugeben.

2 | Eischnee und Mandeln vorsichtig mit der Eigelbcreme mischen.

3 | Den Teig in die Form füllen. Im Backofen (Mitte, Umluft 160°) 30 Min. backen.

➤ Fertig stellen: Dick mit Puderzucker bestäuben. Oder 150 g Puderzucker mit 1 EL Mandellikör und etwas Wasser verrühren. Den Kuchen damit überziehen.

gelingt leicht

# Mohnkuchen

ZUTATEN FÜR 1 SPRING-
FORM VON 24 CM Ø
(10 STÜCK)

➤ 5 Eier
   130 g Zucker
   200 g weiche Butter
   60 g Puderzucker
   1 EL Orangenlikör
   (nach Belieben)
   200 g gemahlene
   Wal- oder Haselnüsse
   200 g gemahlener Mohn
   2 EL Aprikosenkonfitüre
   Fett und Semmelbrösel
   für die Form

🕐 Zubereitung: 20 Min.
🕐 Backzeit: 1 Std.
➤ Pro Stück ca.: 515 kcal

1 | Den Backofen auf 175°
vorheizen. Die Form fetten
und mit Semmelbröseln ausstreuen.

2 | Die Eier trennen. Eiweiße
steif schlagen, den Zucker
dazurühren. Eigelbe mit
Butter und Puderzucker
schaumig rühren. Orangen-
likör, Nüsse und Mohn
unterrühren. Den Eischnee
vorsichtig unterheben.

3 | Die Mohnmasse in die
Form füllen. Im Ofen 1 Std.
(Mitte, Umluft 160°) backen.

➤ Fertig stellen: Den warmen
Kuchen mit 2 EL Apriko-
senkonfitüre bestreichen
(Seite 9). Abkühlen lassen
und mit Puderzucker be-
stäuben.

schnell | raffiniert

# Maronenkuchen

FÜR 1 SPRINGFORM VON
24 CM Ø (8 STÜCK)

➤ 4 Eier | 1 Prise Salz
   180 g Zucker
   180 g weiche Butter
   1 Msp. Zimtpulver
   1 Dose Maronenpüree
   (425 g)
   1 EL Grappa
   (nach Belieben)
   100 g gemahlene Mandeln
   Fett für die Form

🕐 Zubereitung: 20 Min.
🕐 Backzeit: 45 Min.
➤ Pro Stück ca.: 485 kcal

1 | Den Backofen auf 180°
vorheizen. Die Form fetten.
Die Eier trennen. Eiweiße mit
Salz steif schlagen. 30 g
Zucker einrieseln lassen.

2 | Die Butter mit restlichem
Zucker, Eigelben und Zimt
cremig schlagen. Maronen-
püree und Grappa dazugeben
und alles zu einer cremigen
Masse rühren. Die Mandeln
mit dem Eischnee unter-
heben.

3 | Den Teig in die Form fül-
len und im Ofen (Mitte,
Umluft 160°) 45 Min. backen.

➤ Fertig stellen: Ein Gitter aus
Papierstreifen auf den
Kuchen legen. Puderzucker
darüber stäuben. Streifen
entfernen.

## für die Teestunde
# Englischer Früchtekuchen

ZUTATEN FÜR 1 KASTEN-
FORM VON 30 CM LÄNGE
(16 STÜCK)

➤ je 30 g Zitronat und
   Orangeat
   50 g kandierte Kirschen
   100 g Rosinen
   100 g Korinthen
   1 EL Rum (nach Belieben)
   250 g Butter
   250 g brauner Zucker
   4 Eier
   1/2 TL Backpulver
   300 g Mehl
   50 g gehackte Mandeln
   Fett und Semmelbrösel
   für die Form

🕐 Zubereitung: 25 Min.
🕐 Backzeit: 1 Std. 15 Min.
➤ Pro Stück ca.: 340 kcal

1 │ Zitronat und Orangeat
fein würfeln. Kirschen vier-
teln. Rosinen und Korinthen
waschen und trockentupfen.
Die Früchte mischen und mit
Rum beträufeln. Backofen auf
175° vorheizen. Die Form
sorgfältig fetten und mit
Semmelbröseln ausstreuen.

2 │ Die Butter mit Zucker
schaumig rühren. Eier nach
und nach unterrühren. Backpulver mit 250 g Mehl mi-
schen und mit den Mandeln
unter den Teig rühren. Die
Früchte mit dem restlichen
Mehl mischen und unter den
Teig heben.

3 │ Den Teig in die Form
füllen und glatt streichen.
Im Ofen (Mitte, 160°) 1 Std.
und 15 Min. backen.

➤ Fertig stellen: Mit Puderzucker bestreuen.

## einfach │ Klassiker
# Sandkuchen

FÜR 1 KASTENFORM VON
30 CM LÄNGE (12 STÜCK)

➤ 250 g Butter
   5 Eier │ 1 Prise Salz
   200 g Zucker
   1 Päckchen Vanillezucker
   150 g Mehl
   100 g Speisestärke
   Fett und Mehl für die Form

🕐 Zubereitung: 20 Min.
🕐 Backzeit: 50 Min.
➤ Pro Stück ca.: 340 kcal

1 │ Die Form fetten und mit
etwas Mehl bestäuben. Die
Butter schmelzen. Die Eier
trennen.

2 │ Eiweiße mit Salz steif
schlagen. Eigelbe mit Zucker
und Vanillezucker 10 Min.
lang schaumig rühren. Ei-
schnee und Mehl mit der
Stärke vorsichtig unter die
Eigelbcreme ziehen. Die flüssige Butter unterrühren.

3 │ Den Teig in die Form
füllen und in den kalten
Backofen (unten) stellen.
Bei 160° (Umluft 140°)
50 Min. backen.

➤ Fertig stellen: Mit Zuckerguss (Seite 10/11) gla-
   sieren.

## preiswert
# Eierlikörkuchen

FÜR 1 GUGELHUPFFORM
VON 1 1/2 L INHALT
(12 STÜCK)

➤ 4 Eier
  200 g Puderzucker
  1 Päckchen Vanillezucker
  200 ml Sonnenblumenöl
  200 ml Eierlikör
  200 g Mehl
  1 Päckchen Backpulver
  Fett für die Form

🕐 Zubereitung: 15 Min.
🕐 Backzeit: 1 Std.
➤ Pro Stück ca.: 305 kcal

1 | Den Backofen auf 180° vorheizen. Die Form gründlich fetten.

2 | Die Eier mit dem Puderzucker und dem Vanillezucker schaumig schlagen. Das Öl und den Eierlikör dazurühren.

3 | Das Mehl mit Backpulver mischen und unter die Eierlikörmasse rühren. Den Teig in die Form füllen. Im Ofen (Mitte, Umluft 160°) 1 Std. backen.

➤ Fertig stellen: Den abgekühlten Kuchen mit Puderzucker bestäuben.

## raffiniert
# Schoko-Kokos-Kuchen

FÜR 1 REHRÜCKENFORM
VON 1 L INHALT (16 STÜCK)

➤ 200 g Zartbitterschokolade
  50 ml frischer Espresso
  4 Eier
  150 g weiche Butter
  150 g Kokosflocken
➤ Für die Glasur:
  100 g Fettglasur
  (Schokolade)
  50 g Vollmilchkuvertüre
  1 TL Butter
  1 EL Kokosflocken
  Fett und 1 TL Schokoladenpulver für die Form

🕐 Zubereitung: 25 Min.
🕐 Backzeit: 45 Min.
➤ Pro Stück ca.: 270 kcal

1 | Die Form fetten. Mit Schokoladenpulver bestäuben und kühl stellen. Den Backofen auf 160° vorheizen. Schokolade in Stücke brechen, mit dem Espresso in einen Topf geben und schmelzen.

2 | Die Eier trennen. Eiweiße steif schlagen. Eigelbe mit Butter und geschmolzener Schokolade cremig rühren. Eischnee und Kokosflocken unterheben. Den Teig in die Form füllen. Im Ofen (unten, Umluft 140°) 45 Min. backen.

3 | Den abgekühlten Kuchen auf eine Platte stürzen. Glasur nach Packungsangabe schmelzen. Kuvertüre grob hacken, mit der Butter in die Glasur rühren. Den Kuchen damit überziehen und mit Kokosflocken bestreuen.

**TIPPS**

➤ Der Kuchen schmeckt auch ohne Glasur sehr gut.

➤ In Klarsichtfolie wickeln und kühl stellen. So hält er sich 3–4 Tage.

einfach | schnell

# Becher-Nuss-Kuchen

FÜR 1 BACKBLECH
(16 STÜCK)

➤ 1 Becher Sahne (200 g)

1 Becher brauner Zucker

1 Päckchen Vanillezucker

3 Eier

1 Becher Weizenvollkornmehl

1/4 TL Backpulver

2 Becher gemahlene Haselnüsse

Fett für das Blech

➤ Für den Belag:

2 EL Honig

30 g Butter

100 g gehackte Haselnüsse

1 EL geschälte Sesamsamen

🕐 Zubereitung: 15 Min.
🕐 Backzeit: 22 Min.
➤ Pro Stück ca.: 375 kcal

1 | Backofen auf 200° (Umluft 180°) vorheizen. Das Backblech fetten.

2 | Sahne mit Zucker, Vanillezucker und Eiern verrühren. Mehl mit Backpulver mischen, mit den Nüssen unterrühren.

3 | Den Teig auf das Blech streichen und im Ofen (Mitte) 10 Min. backen.

4 | Gleichzeitig für den Belag Honig mit Butter erwärmen. Haselnüsse und Sesam einrühren. Alles auf der Oberfläche des Kuchens verteilen und den Kuchen nochmals 12 Min. backen.

einfach | schnell

# Buttermilch-kuchen

FÜR 1 BACKBLECH
(16 STÜCK)

➤ 450 g Mehl

1 Päckchen Backpulver

3 Eier

375 g Zucker

1 Päckchen Vanillezucker

400 g Buttermilch

100 g Kokosflocken

30 g Butter

150 g Sahne

Fett für das Blech

🕐 Zubereitung: 15 Min.
🕐 Backzeit: 25 Min.
➤ Pro Stück ca.: 405 kcal

1 | Das Backblech fetten. Den Backofen auf 200° vorheizen.

2 | Mehl mit Backpulver mischen. Eier, 300 g Zucker und Vanillezucker schaumig schlagen. Buttermilch und Mehl unterrühren. Den Teig auf das Blech streichen.

3 | Die Kokosflocken mit 75 g Zucker mischen und über den Teig streuen. Im Ofen (Mitte, Umluft 180°) 15 Min. backen.

4 | Die Butter mit der Sahne erhitzen, bis die Butter geschmolzen ist. Mit einem Löffel auf der Oberfläche des Kuchens verteilen. Den Kuchen in 10 Min. fertig backen.

**TIPP** Die Buttermilch-Kokosschnitten kann man gut einfrieren.

einfach | gut vorzubereiten

# Hefezopf

FÜR 16 STÜCK

- **600 g Mehl**
  **1 Würfel Hefe (42 g)**
  **1/4 l lauwarme Milch**
  **100 g Zucker**
  **100 g Butter**
  **2 Eier**
  **1 Eigelb**
  **2 EL Milch zum Bestreichen**
  **Fett für das Blech**
  **Mehl zum Arbeiten**

- Zubereitung: 40 Min.
- Ruhezeit: 55–70 Min.
- Backzeit: 35 Min.
- Pro Stück ca.: 235 kcal

1 | Das Mehl in eine Schüssel sieben, in die Mitte eine Mulde drücken. Die Hefe hineinbröckeln, mit etwas lauwarmer Milch, 1 TL Zucker und etwas Mehl verrühren. Den Vorteig an einem warmen Ort zugedeckt 15 Min. gehen lassen.

2 | Die Butter zerlassen und mit restlicher Milch, Zucker und Eiern dazugeben. Alles unterarbeiten und den Teig kräftig kneten, bis er Blasen wirft und sich vom Schüsselrand löst. Zugedeckt 30–45 Min. an einem warmen Ort zur doppelten Größe aufgehen lassen.

3 | Das Backblech fetten. Den Backofen auf 180° vorheizen. Den Teig auf einer bemehlten Arbeitsfläche kräftig durchkneten, in drei gleich große Stücke teilen und zu Rollen von etwa 60 cm formen. Die Rollen an einem Ende etwas zusammendrücken und zu einem Zopf flechten. Unten ebenfalls zusammendrücken. Den Zopf auf das Blech legen, zudecken und nochmals 10 Min. gehen lassen.

4 | Das Eigelb und die Milch verquirlen und auf den Zopf pinseln. Den Zopf im Ofen (Mitte, Umluft 160°) 35 Min. backen.

➤ Variante:

**Rosenkuchen**

200 g gemahlene Mandeln oder Walnüsse, 60 g Puderzucker, 1 Päckchen Vanillezucker und 2 EL Mandellikör verrühren. 1 Eiweiß halbsteif schlagen und mit der Nussmischung verrühren. Den fertigen Hefeteig auf der bemehlten Arbeitsfläche dünn zu einem Rechteck ausrollen. Die Füllung darauf verteilen. Den Teig von der Längsseite her aufrollen und in 14 Scheiben schneiden. Die Scheiben kreisförmig in eine gefettete Springform (26 cm Ø) setzen und im Ofen bei 200° (Umluft 180°) 1 Std. backen. Eventuell nach 40 Min. mit Pergamentpapier abdecken. Mit Aprikosenkonfitüre bestreichen.

raffiniert | für Gäste

# Apfelstrudel

FÜR 12 STÜCK

➤ 250 g Mehl | 1/4 TL Salz
4 EL Öl | 100 g Rosinen
1,5 kg säuerliche Äpfel
80 g Zucker
1/2 TL Zimtpulver
100 g gehackte Mandeln
100 g Butter | 2 EL Milch
Fett für das Blech
2 EL Semmelbrösel zum
Bestreuen

🕐 Zubereitung: 40 Min.
🕐 Ruhezeit: 20 Min.
🕐 Backzeit: 40 Min.
➤ Pro Stück ca.: 340 kcal

1 | Das Mehl in eine Schüssel sieben. In die Mitte eine Vertiefung drücken. Salz und 3 EL Öl hinzufügen. 1/8 l lauwarmes Wasser langsam dazugießen. Die Zutaten mit den Händen zu einem glatten, elastischen Teig verkneten. Mit 1 EL Öl bestreichen, in Frischhaltefolie 20 Min. ruhen lassen.

2 | Inzwischen Rosinen in etwas Wasser einweichen. Äpfel schälen, vierteln und ohne die Kerngehäuse in dünne Scheiben schneiden. Mit Zucker, Zimt, Mandeln und Rosinen mischen.

3 | Den Backofen auf 200° vorheizen. Backblech fetten. Butter zerlassen. Den Teig auf einem bemehlten Küchentuch ausrollen, dann über dem Handrücken hauchdünn ausziehen. Mit Butter bestreichen und mit Semmelbröseln bestreuen. Apfelmischung darauf verteilen und den Strudel mithilfe des Tuches aufrollen.

4 | Den Strudel mit der Nahtstelle nach unten auf das Blech gleiten lassen. Die beiden Enden nach unten einschlagen. Mit Milch bestreichen und im Ofen (Mitte, Umluft 180°) 40 Min. backen.

➤ Fertig stellen: Lauwarm mit Puderzucker bestäuben.

 **Teigruhe**
*Das Öl verhindert das Austrocknen des Teigs während der Ruhezeit.*

 **Ausrollen**
*Den Teig auf einem bemehlten Küchentuch dünn ausrollen.*

**Dünn ziehen**
*Wirklich dünn wird der Teig nur über dem Handrücken.*

 **Aufrollen**
*Den belegten Strudel mithilfe des Tuchs aufrollen.*

# Die Saftigen und Fruchtigen

Mal Obst drin, mal drauf, mit Saft getränkt oder aus feinem Quark: Diese Kuchen sind unwiderstehlich saftig und hinreißend cremig. Jede Jahreszeit hat da ihren eigenen Obstkuchen, und Quarkkuchen schmecken eigentlich immer. Um Gäste zu verwöhnen oder sich selbst, diese Kuchen gelingen garantiert.

# Blitzrezepte

## Käsekuchen ohne Boden

FÜR 1 SPRINGFORM VON 24 CM
(8 STÜCK)

➤ 150 g weiche Butter | 200 g Zucker
4 Eier | 1 Päckchen Vanille-Pudding-
pulver (ersatzweise 6 EL Hartweizen-
grieß) | 750 g Magerquark | 250 g
Frischkäse | 1 TL abgeriebene Oran-
genschale | Fett für die Form

1 | Die Backform fetten. Backofen auf
200° vorheizen. Butter mit Zucker und
Eiern cremig rühren. Puddingpulver,
Quark, Frischkäse und Orangenschale
unterrühren.

2 | Quarkmasse in die Form füllen, im
Ofen (Mitte, Umluft 180°) 45 Min. backen. Warm mit Puderzucker bestäuben.

## Birnenkuchen

FÜR 1 SPRINGFORM VON 24 CM Ø
(8 STÜCK)

➤ 1 Dose Birnenhälften | 150 g weiche
Butter | 100 g Zucker | 3 Eier | 150 g
Mehl | 1 Msp. Backpulver | 50 g ge-
hackte Walnüsse | Fett für die Form

1 | Backofen auf 175° vorheizen. Die Form
fetten. Die Birnen abtropfen lassen. Butter
mit Zucker und Eiern schaumig rühren.
Mehl mit Backpulver und Walnüssen
unterrühren.

2 | Den Teig in die Form füllen. Die Birnen
darauf verteilen. Im Ofen (Mitte, Umluft
160°) 35-40 Min. backen. Mit Puderzucker
bestäuben und am besten noch lauwarm
mit Schlagsahne essen.

gelingt leicht
# Käsekuchen

FÜR 1 SPRINGFORM VON
26 CM Ø (12 STÜCK)

➤ **Für den Mürbeteig:**
   **200 g Mehl**
   **1 Prise Salz**
   **60 g Zucker**
   **100 g kalte Butter**
   **1 Ei**
   **Fett für die Form**
   **Mehl zum Arbeiten**
➤ **Für den Belag:**
   **1 unbehandelte Zitrone**
   **1 unbehandelte Orange**
   **1 kg Sahnequark (40 %)**
   **200 g Zucker**
   **1 Päckchen Vanillezucker**
   **4 Eier**
   **2 Eigelb**
   **50 g Sahne**

🕐 Zubereitung: 30 Min.
🕐 Backzeit: 1 Std. 20 Min.
➤ Pro Stück ca.: 415 kcal

**1** | Mehl mit Salz und Zucker mischen. Die Butter in Flöckchen und das Ei dazugeben und rasch zu einem glatten Teig verkneten. Zugedeckt 20 Min. kühl stellen.

**2** | Den Backofen auf 200° vorheizen. Die Form fetten. Zitrone und Orange heiß waschen, abtrocknen und die Schale abreiben. Quark mit Zucker, Vanillezucker, Orangen- und Zitronenschale verrühren. Zum Schluss Eier, Eigelbe und Sahne unterrühren.

**3** | Den Teig auf der bemehlten Arbeitsfläche ausrollen. Die Form damit auskleiden, dabei einen 4 cm hohen Rand formen. Die Quarkmischung einfüllen.Im Ofen (Mitte, Umluft 180°) 20 Min. backen. Mit einem spitzen Messer zwischen Teigrand und Füllung entlangfahren, damit der Kuchen gleichmäßig aufgehen kann. Den Käsekuchen bei 160° (Umluft 140°) noch 1 Std. backen.

➤ Fertig stellen: Den abgekühlten Kuchen leicht mit Puderzucker bestäuben.

➤ Variante:
**Klassischer Käsekuchen**

3 Eigelbe mit 6 EL Zucker, 1 EL Zitronensaft, 30 g flüssiger Butter, 500 g Magerquark und 4 EL Sahne cremig schlagen. 3 Eiweiße steif schlagen und mit 3 EL Mehl unter die Quarkcreme heben. Springform mit Mürbeteig auslegen, Quarkmasse hineinfüllen. Im Ofen bei 200° (Mitte, Umluft 180°) 55 Min. backen. Herausnehmen, kurz stehen lassen. Den Rand abnehmen und ein Kuchengitter auf den Käsekuchen legen. Vorsichtig stürzen und abkühlen lassen.

gelingt leicht

# Gedeckter Apfelkuchen

FÜR 1 SPRINGFORM VON
24 CM Ø (8 STÜCK)

➤ 300 g weiche Butter
150 g Zucker
1 Ei | 300 g Mehl
1 kg säuerliche Äpfel
2 EL Zitronensaft
2 EL gemahlene Mandeln
2 EL Milch
Fett für die Form
Mehl zum Arbeiten

🕐 Zubereitung: 50 Min.
🕐 Backzeit: 40 Min.
➤ Pro Stück ca.: 515 kcal

1 | Form fetten. 200 g Butter, 100 g Zucker und Ei schaumig schlagen. Mehl unterkneten. Ein Drittel des Teigs in Größe der Form rund ausrollen. Auf eine bemehlte Platte legen. Mit restlichem Teig die Form auskleiden. Beides kühl stellen.

2 | Äpfel schälen, achteln und putzen. Zitrone heiß abspülen und abtrocknen. Die Schale abreiben. Den Saft auspressen und mit übrigem Zucker, restlicher Butter und 1/8 l Wasser aufkochen lassen. Äpfel darin 5 Min. dünsten.

3 | Den Backofen auf 200° vorheizen. Mandeln auf den Teigboden streuen. Äpfel darauf verteilen. Teigdeckel darauf geben und leicht andrücken. Im Ofen (unten, Umluft 180°) 40 Min. backen. Zwischendurch mit Milch bestreichen.

gut vorzubereiten

# Rhabarber-Baiser-Kuchen

FÜR 1 SPRINGFORM VON
26 CM Ø (12 STÜCK)

➤ 3 Eier | 1 Prise Salz
250 g Zucker | 90 g Mehl
1 kg Rhabarber
1 Päckchen Sahne-Puddingpulver
450 ml trockener Weißwein (ersatzweise Apfelsaft)
2 Eiweiß
Backpapier für die Form

🕐 Zubereitung: 50 Min.
🕐 Backzeit: 25 Min.
🕐 Kühlen: 6 Std.
➤ Pro Stück ca.: 210 kcal

1 | Backofen auf 180° vorheizen. Den Formboden mit Backpapier auslegen. Eier mit Salz und 90 g Zucker etwa 6 Min. rühren. Mehl unterheben. Biskuit in die Form füllen. Im Ofen (Mitte, Umluft 160°) 20 Min. backen.

2 | Rhabarber waschen, putzen und klein schneiden, mit 2 EL Zucker mischen.

3 | Puddingpulver mit 5 EL Wein verrühren. Restlichen Wein mit 60 g Zucker aufkochen lassen, angerührtes Puddingpulver einrühren. Rhabarber mit dem Saft unterrühren, aufkochen und 3 Min. ziehen lassen.

4 | Den Formrand vom Biskuit lösen, mit einem Tortenring umschließen und die Rhabarbercreme darauf verteilen. Kuchen 6 Std. kühl stellen.

5 | Für das Baiser Eiweiße steif schlagen, dabei restlichen Zucker einrieseln lassen. Baisermasse mit einem Löffel locker auf den Kuchen geben. Unter dem Grill (Mitte) 2–4 Min. leicht bräunen.

raffiniert | für Gäste

# Apfel-Marzipan-Kuchen

FÜR 1 SPRINGFORM VON
24 CM Ø (12 STÜCK)

➤ **200 g Marzipanrohmasse**
**150 g Butter**
**75 g Zucker**
**50 g geschälte, gemahlene Mandeln**
**3 Eier**
**1/4 TL Backpulver**
**150 g Mehl**
**8 kleine mürbe, säuerliche Äpfel**
**1 EL Zitronensaft**
**2 EL Aprikosenkonfitüre**
**Fett für die Form**

🕐 Zubereitung: 30 Min.
🕐 Backzeit: 40 Min.
➤ Pro Stück ca.: 330 kcal

1 | Den Backofen auf 175° vorheizen. Form fetten. Marzipan in kleine Stücke schneiden, mit Butter, Zucker und Mandeln cremig rühren. Eier nacheinander einrühren. Backpulver mit Mehl mischen und unterheben. Teig bis auf 2 EL in die Form füllen.

2 | Die Äpfel schälen, die Kerngehäuse mit dem Kugelausstecher großzügig entfernen. Äpfel mit Zitronensaft einpinseln, in den Teig setzen und mit dem restlichen Teig füllen. Im Ofen (Mitte, Umluft 160°) 40 Min. backen.

3 | Konfitüre erwärmen, durch ein Sieb streichen und auf die Äpfel pinseln. 10 Min. weiterbacken.

➤ Fertig stellen: Abgekühlten Kuchen mit Puderzucker bestäuben.

für Überraschungsgäste

# Apfeltarte

FÜR 1 TARTEFORM VON
30 CM Ø (12 STÜCK)

➤ **125 g Mehl**
**1 Prise Salz**
**125 g kalte Butter**
**125 g Magerquark**
**5 gleich große Äpfel (500 g)**
**3 EL Apfelgelee**
**40 g Zucker**
**1 1/2 EL Butter**
**Fett für die Form**
**Mehl zum Arbeiten**

🕐 Zubereitung : 25 Min.
🕐 Backzeit: 20 Min.
➤ Pro Stück ca.: 185 kcal

1 | Den Backofen auf 220° vorheizen. Form fetten. Das Mehl mit Salz auf die Arbeitsfläche geben, Butter in Flöckchen und Quark dazugeben. Schnell zu einem glatten Teig verarbeiten. Auf der bemehlten Arbeitsfläche dünn ausrollen, in die Form legen, dabei einen 1 cm hohen Rand formen. Kühl stellen.

2 | Äpfel waschen, schälen und vierteln, Kerngehäuse entfernen. Viertel in schmale Spalten schneiden. 2 EL Apfelgelee auf dem Teigboden verteilen. Äpfel dachziegelartig darauf verteilen.

3 | Zucker, Butter und übriges Gelee unter Rühren erhitzen. Auf die Apfelspalten streichen. Die Tarte im Ofen (Mitte, Umluft 200°) 25 Min. backen.

aus dem Orient
ohne Mehl

# Orangenkuchen

FÜR 1 SPRINGFORM VON
20 CM Ø (8 STÜCK)

- ➤ 3 unbehandelte mittel-
  große Orangen
  6 Eier
  250 g Zucker
  300 g gemahlene Mandeln
  Fett und 1 EL Mandeln für
  die Form
- ➤ Für die Garnierung:
  150 g Puderzucker
  2 EL lauwarme Milch
  1 TL Orangenlikör nach
  Belieben
  kandierte Orangen-
  scheiben

- 🕓 Zubereitung: 25 Min.
- 🕓 Garzeit: 2 Std.
- 🕓 Backzeit: 1 Std.
- ➤ Pro Stück ca.: 520 kcal

1 | Die Orangen gründlich waschen und abreiben. Ungeschält in einen Topf geben, mit Wasser bedecken und bei schwacher Hitze in 2 Std. weich kochen. Die Orangen herausnehmen, abkühlen lassen, aufschneiden und die Kerne entfernen. Die Früchte fein pürieren.

2 | Backofen auf 175° vorheizen. Die Form fetten und mit Mandeln ausstreuen. Eier mit Zucker schaumig rühren, Orangenpüree und Mandeln gründlich untermischen.

3 | Den Teig in die Form füllen. Im Ofen (unten, Umluft 160°) 1 Std. backen. In der Form auskühlen lassen, dann vorsichtig herauslösen.

4 | Zum Garnieren Puderzucker mit Milch und Orangenlikör glatt rühren. Den Kuchen damit überziehen und mit Orangenscheiben verzieren.

Klassiker

# Rüeblikuchen

FÜR 1 SPRINGFORM VON
24 CM Ø (12 STÜCK)

- ➤ 300 g junge Möhren
  Saft und Schale von
  1 unbehandelten Orange
  6 Eier | 250 g Zucker
  2 EL Kirschwasser (nach
  Belieben)
  300 g gemahlene Mandeln
  50 g Mehl
  Fett und Semmelbrösel für
  die Form

- 🕓 Zubereitung: 30 Min.
- 🕓 Backzeit: 50 Min.
- ➤ Pro Stück ca.: 295 kcal

1 | Die Möhren putzen, schälen und fein reiben. Orangensaft und -schale untermischen. Den Backofen auf 180° vorheizen. Die Form fetten, mit Bröseln ausstreuen.

2 | Die Eier trennen. Eiweiße steif schlagen, 50 g Zucker unterrühren. Eigelbe mit restlichem Zucker und Kirschwasser cremig schlagen. Mandeln, Mehl und Möhren mischen und unter die Eigelbcreme rühren. Den Eischnee locker unterheben.

3 | Den Teig in die Form füllen. Im Ofen (Mitte, Umluft 160°) 50 Min. backen.

- ➤ Fertig stellen: Den leicht abgekühlten Kuchen auf Backpapier stürzen. Mit 2 EL Aprikosenkonfitüre bestreichen und mit Zuckerguss (Seite 10/11) verzieren.

gut vorzubereiten
# Sauerkirsch-kuchen

FÜR 1 SPRINGFORM VON
24 CM Ø (10 STÜCK)

➤ 2 Glas Sauerkirschen
(á 370 g Abtropfgewicht)
100 g Zartbitterschokolade
4 Eier | 200 g weiche Butter
180 g Zucker
1 TL Schokoladenpulver
100 g gemahlene Mandeln
100 g Mehl
1 TL Backpulver
Fett für die Form

🕐 Zubereitung: 30 Min.
🕐 Backzeit: 45 Min.
➤ Pro Stück ca.: 435 kcal

1 | Die Kirschen abtropfen
lassen. Schokolade fein reiben. Backofen auf 180° vorheizen. Die Form fetten.

2 | Die Eier trennen. Eiweiße
steif schlagen. Butter mit Zucker und Schokoladenpulver
cremig rühren. Eigelbe und
geriebene Schokolade unterrühren. Mandeln mit Mehl
und Backpulver mischen.
Eischnee und Mehl locker
unter den Teig mischen. Teig

in die Form füllen, die Sauerkirschen darauf verteilen.

3 | Den Kuchen im Ofen
(Mitte, Umluft 160°) 50 Min.
backen.

➤ Fertig stellen: Den abgekühlten Kuchen mit Zuckerguss (Seite 10/11), nach
Belieben mit 1 TL Kirsch-
wasser angerührt, gla-
sieren.

raffiniert
# Schoko-Quark-Kuchen

FÜR 1 SPRINGFORM VON
26 CM Ø (12 STÜCK)

➤ 200 g Amaretti (Mandel-
makronen)
80 g weiche Butter
1 TL Espressopulver
100 g Zartbitterschokolade
3 EL Sahne | 100 g Butter
150 g Zucker | 3 Eier
1 Päckchen Vanille-
Puddingpulver
250 g Frischkäse
250 g Magerquark
Fett für die Form

🕐 Zubereitung: 25 Min.
🕐 Backzeit: 50 Min.
➤ Pro Stück ca.: 360 kcal

1 | Die Form fetten. Backofen
auf 175° vorheizen. Die Amaretti in einem Gefrierbeutel
mit dem Nudelholz fein zer-
bröseln. Brösel mit Butter
und Espressopulver mischen
und auf den Boden der Form
geben, leicht andrücken.

2 | Schokolade in Stücke
brechen. In einem Topf bei
schwacher Hitze mit der
Sahne schmelzen. Butter
mit Zucker, Schokolade und
Eiern verrühren. Pudding-
pulver, Frischkäse und Quark
unterrühren.

3 | Die Quarkmischung in die
Form geben. Im Ofen (unten,
Umluft 160°) 50 Min. backen.

➤ Fertig stellen: Mit Puderzucker bestäuben.

gelingt leicht

# Rotweinkuchen

FÜR 1 KASTENFORM VON
30 CM LÄNGE (16 STÜCK)

➤ 100 g Zartbitterschokolade
250 g weiche Butter
200 g Zucker
1 Päckchen Vanillezucker
4 Eier | 250 g Mehl
1 TL Backpulver
1 TL Zimtpulver
1 TL Kakaopulver
1/8 l Rotwein
Fett für die Form

🕐 Zubereitung: 25 Min.
🕐 Backzeit: 1 Std.
➤ Pro Stück ca.: 285 kcal

1 | Die Schokolade nicht zu fein reiben. Backofen auf 180° vorheizen. Form fetten.

2 | Butter mit Zucker, Vanillezucker und Eiern cremig rühren. Mehl mit Backpulver, Zimt und Kakao mischen. Mehlmischung und Rotwein nach und nach in die Eiercreme rühren. Schokolade unterheben. Den Teig in die Form füllen und glattstreichen. Im Ofen (Mitte, Umluft 160°) 1 Std. backen.

➤ Fertig stellen: Den Kuchen auf eine Platte stürzen und mit Puderzucker bestreuen.

➤ Varianten:

150 g Puderzucker mit 3 EL Rotwein verrühren. Glasur auf den Kuchen streichen.

Statt Zartbitterschokolade 100 g Schokostreusel unter den Teig rühren.

gut vorzubereiten

# Cognac-Nuss-Kranz

FÜR 1 SPRINGFORM MIT
KRANZBODEN VON 24 CM Ø
(16 STÜCK)

➤ 150 g Zartbitter-Kuvertüre
6 Eier | 1 Prise Salz
150 g Butter
150 g Puderzucker
150 g gemahlene Mandeln
100 g Mehl
50 g Speisestärke
2 TL Backpulver
4 cl Cognac
100 g Aprikosenkonfitüre
100 g Vollmilch-Kuvertüre
Fett für die Form

🕐 Zubereitung: 25 Min.
🕐 Backzeit: 50 Min.
➤ Pro Stück ca.: 330 kcal

1 | Backofen auf 175° vorheizen. Form fetten. Kuvertüre hacken und im heißen Wasserbad schmelzen.

2 | Die Eier trennen, Eiweiße mit Salz steif schlagen. Butter mit Puderzucker und Eigelben cremig schlagen. Schokolade und Mandeln unterrühren. Mehl mit Speisestärke und Backpulver mischen und mit dem Eischnee locker unterziehen. Teig in die Form füllen.

3 | Kuchen im Ofen (Mitte, Umluft 160°) 50 Min. backen. Nach dem Abkühlen aus der Form lösen. Mit einem Holzspießchen in die Oberfläche stechen. Cognac darüber träufeln. Konfitüre erwärmen, durch ein Sieb streichen und auf den Kuchen pinseln. Kuvertüre nach Packungsangabe (Seite 11) schmelzen. Den Kuchen damit überziehen und 1–2 Tage durchziehen lassen.

sommerlich | leicht
# Himbeerroulade

FÜR 12 STÜCK
- **5 Eier**
  **100 g Zucker | 100 g Mehl**
  **500 g Himbeeren**
  **1 EL Puderzucker**
  **400 g Sahne**
  **1 Päckchen Sahnesteif**
  **1 Päckchen Vanillezucker**
  **Backpapier für das Blech**
  **1 EL Zucker zum Arbeiten**
  **Minzeblättchen**

🕐 Zubereitung: 40 Min.
➤ Pro Stück ca.: 230 kcal

1 | Den Backofen auf 200° (Umluft 180°) vorheizen. Das Blech mit Backpapier auslegen.

2 | Eier trennen. Eiweiße steif schlagen. Eigelbe mit Zucker dickcremig schlagen. Eischnee und Mehl locker unterheben. Teig auf das Blech streichen, im Ofen (Mitte) 12 Min. backen.

3 | Ein Küchentuch mit Zucker bestreuen. Biskuit darauf stürzen und das Papier vorsichtig abziehen. Teig sofort mithilfe des Tuches einrollen.

4 | Himbeeren verlesen, die Hälfte mit Puderzucker pürieren. Sahne mit Sahnesteif und Vanillezucker steif schlagen. Himbeerpüree mit der Hälfte der Sahne mischen.

5 | Die Roulade entrollen und mit Himbeersahne bestreichen, dabei die Ränder etwas freilassen. Himbeeren bis auf 12 darauf verteilen, locker einrollen und mit der Schnittstelle nach unten auf eine Platte legen. Mit restlicher Sahne überziehen. Mit Himbeeren und Minze garnieren.

schnell | für Gäste
# Mangorolle

FÜR 12 STÜCK
- **5 Eier**
  **100 g Zucker | 100 g Mehl**
  **1 EL Kakaopulver**
  **1 Dose Mango (425 g)**
  **2 EL Puderzucker**
  **100 g Mascarpone**
  **250 g Sahne**
  **1 Päckchen Sahnesteif**
  **Backpapier für das Blech**
  **1 EL Zucker zum Arbeiten**

🕐 Zubereitung: 35 Min.
➤ Pro Stück ca.: 240 kcal

1 | Den Backofen auf 200° (Umluft 180°) vorheizen. Backblech auslegen.

2 | Die Eier trennen. Die Eiweiße steif schlagen. Eigelbe mit Zucker dickcremig schlagen. Eischnee dazugeben. Mehl mit Kakaopulver darüber sieben, alles locker mischen. Teig auf das Blech streichen, im Ofen (Mitte) 12 Min. backen.

3 | Ein Küchentuch mit Zucker bestreuen. Biskuit darauf stürzen, Papier abziehen und Biskuit locker einrollen.

4 | Mango würfeln und mit Puderzucker pürieren. Mit Mascarpone cremig rühren. Sahne mit Sahnesteif schlagen und locker unterheben. Die Roulade entrollen. Creme darauf verteilen, Ränder etwas freilassen. Einrollen und mit der Schnittfläche nach unten auf eine Platte geben. Kühl stellen.

**schnell | fruchtig frisch**

# Zwetschgen-kuchen

FÜR 1 RUNDES BACKBLECH
VON 30 CM Ø (10 STÜCK)

➤ Für den Quark-Öl-Teig:
200 g Magerquark
6 EL Milch | 8 EL Öl
100 g Zucker | 1 Ei
400 g Mehl | 1 Prise Salz
1 TL Backpulver

➤ Für den Belag:
100 g Löffelbiskuits
1/2 TL Zimtpulver
1 Päckchen Vanillezucker
1 1/2 kg Zwetschgen
Fett für die Form
Mehl zum Arbeiten

🕓 Zubereiten: 30 Min.
🕓 Backzeit: 35 Min.
➤ Pro Stück ca.: 385 kcal

1 | Den Quark mit Milch, Öl, Zucker und Ei cremig schlagen. Mehl mit Salz und Backpulver mischen. Die Hälfte des Mehls unter den Quark rühren. Restliches Mehl rasch mit den Händen unterkneten. Die Form fetten. Den Teig auf der bemehlten Arbeitsfläche ausrollen, in die Form legen und kühl stellen.

2 | Die Biskuits in einem Gefrierbeutel mit dem Nudelholz fein zerbröseln. Zimt und Vanillezucker untermischen. Die Zwetschgen waschen, halbieren und entsteinen. Die Hälften längs einschneiden.

3 | Den Backofen auf 200° vorheizen. Brösel auf den Teigboden streuen. Die Zwetschgen dachziegelartig darauf verteilen. Kuchen im Ofen (Mitte, Umluft 180°) 35 Min. backen.

**schnell | gelingt leicht**

# Aprikosen-kuchen

FÜR 1 RUNDES BACKBLECH
VON 28 CM Ø (8 STÜCK)

➤ 150 g weiche Butter
100 g Zucker
3 Eier
50 g gemahlene Mandeln
150 g Mehl
1 Msp. Backpulver
1 Dose Aprikosen (490 g)
200 g Crème fraîche
2 Eigelb
50 g Puderzucker
Fett für die Form

🕓 Zubereitung: 20 Min.
🕓 Backzeit: 40 Min.
➤ Pro Stück ca.: 510 kcal

1 | Den Backofen auf 180° vorheizen. Die Form fetten. Die Butter mit Zucker und Eiern schaumig rühren. Die Mandeln mit Mehl und Backpulver mischen und unterrühren. Den Teig in die Form füllen.

2 | Die Aprikosen gut abtropfen lassen. Die Hälften wie Fächer ein-, jedoch nicht durchschneiden und auf dem Teigboden verteilen.

3 | Crème fraîche mit Eigelben und Puderzucker cremig rühren und über die Aprikosen gießen. Den Kuchen im Ofen (Mitte, Umluft 160°) 40 Min. backen.

➤ Fertig stellen: Den Kuchen noch warm mit Puderzucker bestäuben.

➤ Varianten: 10 Min. vor Ende der Backzeit Sonnenblumenkerne oder Mandelstifte auf den Kuchen streuen. Sie können den Kuchen auch mit Pfirsichen oder Birnen zubereiten.

# Die Klassiker

Sie sind einfach immer wieder gut. Unvergleichlich der knusprige Bienenstich mit seiner cremigen Füllung oder der Traum für Schokoladenfans, die Sachertorte. Für den Genuss muss man ein bisschen Zeit investieren – aber diese lohnt sich auf jeden Fall, denn das Ergebnis begeistert alle!

# Blitzrezepte

## Kalter Hund

FÜR 1 KASTENFORM VON 24 CM LÄNGE
(20 STÜCK)

➤ 200 g Kokosfett | 1 Ei | 4 EL Zucker
4 EL Kondensmilch | Kakaopulver
1 TL Instant-Instant-Espressopulver
28 Stück Butterkekse

1 | Kokosfett schmelzen und abkühlen
lassen. Form mit Klarsichtfolie auslegen.
Ei mit Zucker, Kondensmilch, 3 EL Kakao
und Espressopulver schaumig rühren. Das
flüssige Kokosfett unterrühren.

2 | Abwechselnd je 1 Schicht Creme und
Kekse in die Form füllen. Mit Creme ab-
schließen. Im Kühlschrank 2 Std. durch-
kühlen lassen. Vor dem Servieren aus der
Form lösen und in Scheiben schneiden.
Mit Kakao bestäuben.

## Rehrücken

FÜR 1 REHRÜCKENFORM (12 STÜCK)

➤ 100 g Zartbitter-Schokolade | 4 Eier
160 g Butter | 160 g Zucker | 100 g
gemahlene Mandeln | 100 g Mehl
2 EL Aprikosenkonfitüre | 100 g Voll-
milch-Kuvertüre | 60 g Mandelstifte
Fett und Semmelbrösel für die Form

1 | Backofen auf 175° vorheizen. Schoko-
lade reiben. Eier trennen. Eiweiße steif
schlagen. Butter, Zucker und Eigelbe
schaumig rühren. Schokolade, Mandeln
und Mehl mit der Hälfte des Eischnees
unterrühren. Restlichen Eischnee unterheben. In die vorbereitete Form füllen
und im Ofen (Mitte, Umluft 160°)
50 Min. backen. Abkühlen lassen, Reh-
rücken dünn aprikotieren (Seite 9) und
mit Kuvertüre überziehen (Seite 11).
Mit Mandelstiften spicken.

braucht etwas Zeit | gut vorzubereiten

# Bienenstich

FÜR 16 STÜCK
➤ Für den Hefeteig:
500 g Mehl | 1 Prise Salz
1 Würfel Hefe (42 g)
1/4 l lauwarme Milch
80 g Zucker | 150 g flüssige
Butter | 1 Ei
Backpapier für das Blech
Mehl zum Arbeiten
➤ Für den Belag:
100 g Butter | 100 g Zucker
1 Päckchen Vanillezucker
2 EL flüssiger Honig
100 g Sahne
200 g gehobelte Mandeln
➤ Für die Füllung:
2 Päckchen Vanille-Pud-
dingpulver
3/4 l Milch | 80 g Zucker
100 g weiche Butter
2 EL Puderzucker

🕐 Zubereitung: 1 Std.
🕐 Ruhezeit : 50 Min.
🕐 Backzeit: 30 Min.
➤ Pro Stück ca.: 500 kcal

1 | Hefeteig nach Grund-
rezept (Seite 6) zubereiten.
30 Min. ruhen lassen.

2 | Für den Belag Butter,
Zucker, Vanillezucker, Honig
und Sahne unter Rühren
erhitzen. Mandeln hinzu-
fügen, kurz aufkochen und
leicht abkühlen lassen. Ab
und zu umrühren.

3 | Backblech auslegen. Back-
ofen auf 200° vorheizen. Teig
auf Mehl ausrollen, auf das
Blech legen, 10 Min. ruhen
lassen.

4 | Mandelmasse auf den Teig
streichen. Im Ofen (Mitte,
Umluft 180°) 30 Min. backen.

5 | Puddingpulver mit 1/8 l
Milch anrühren. Restliche
Milch mit Zucker aufkochen
lassen, Puddingmilch hinein-
rühren, aufkochen, dann abkühlen lassen, ab und zu rühren. Butter mit Puderzucker
cremig rühren, Pudding
unterrühren. Kühl stellen.

6 | Den Kuchen in 4 Stücke
schneiden, diese waagerecht
durchschneiden. Creme auf-
streichen. Teigdeckel in je
4 Stücke schneiden, neben-
einander auf den Pudding
legen. Bienenstich-Stücke
ganz durchschneiden.

**1  Vorschneiden**

*Den gebackenen
Bienenstich in Stücke
schneiden.*

**2  Füllen**

*Füllung auf die unteren
Hälften des Teigbodens
streichen.*

**3  Fertig stellen**

*Teig»deckel« wieder
drauflegen und die Teile
noch mal in Stücke
schneiden.*

51

gut vorzubereiten
# Linzertorte

FÜR 1 SPRINGFORM VON
26 CM Ø (12 STÜCK)

➤ **250 g Mehl**
**250 g gemahlene Mandeln**
**250 g kalte Butter**
**250 g Zucker**
**1 TL Schokoladenpulver**
**4 Eigelb | 1/2 TL Zimtpulver**
**1 Prise Nelkenpulver**
**1 EL Kirschwasser**
**(nach Belieben)**
**300 g Johannisbeergelee**
**Mehl zum Arbeiten**
**Fett für die Form**
**1 Eigelb und 1 TL Milch**
**zum Bestreichen**

🕒 Zubereitung: 40 Min.
🕒 Backzeit: 40 Min.
🕒 Ruhezeit: 20 Min.
➤ Pro Stück ca.: 540 kcal

**1** | Mehl und Mandeln auf der Arbeitsfläche mischen, in die Mitte eine Mulde drücken. Die Butter in Flöckchen, Zucker, Schokoladenpulver, Eigelbe, Gewürze und Kirschwasser dazugeben und rasch zu einem glatten Teig verkneten. Zugedeckt 20 Min. in den Kühlschrank stellen.

**2** | Die Form fetten. Backofen auf 175° vorheizen. Zwei Drittel des Teiges auf der bemehlten Arbeitsfläche etwa 1 cm dick ausrollen. Auf den Boden der Form legen. Den restlichen Teig etwa 1/2 cm dick ausrollen. Für den Rand einen 2 cm breiten und gut 80 cm langen Streifen ausschneiden. Den restlichen

Teig mit dem Messer oder Teigrädchen in 1 cm breite Streifen schneiden.

**3** | Johannisbeergelee auf dem Boden verteilen. Teigstreifen als Gitter darüber legen. Randstreifen außen herumlegen, leicht andrücken. Eigelb mit Milch verrühren, Teig damit bestreichen. Den Kuchen im Ofen (Mitte, Umluft 160°) 40 Min. backen.

**TIPP** Linzertorte schmeckt am besten, wenn sie einige Tage durchgezogen hat. In Alu- oder Klarsichtfolie verpackt, schmeckt der Kuchen auch noch nach 2 Wochen.

**1 Boden bestreichen**
*Den Teig mit Gelee bestreichen.*

**2 Teigstreifen**
*Die Teigstreifen in einem Gittermuster auflegen.*

**3 Abschlussstreifen**
*Ein dickerer Streifen kommt um den Rand.*

Klassiker aus Österreich

# Sachertorte

FÜR 1 SPRINGFORM VON
24 CM Ø (16 STÜCK)

➤ Für den Teig:
   200 g Zartbitterschokolade
   200 g weiche Butter
   150 g Puderzucker
   8 Eier
   100 g Zucker
   150 g Mehl
   50 g fein gemahlene
   Mandeln
➤ Für Füllung und Guss:
   150 g Aprikosenkonfitüre
   200 g Zartbitterschokolade
   200 g Zucker
➤ Für die Garnitur:
   100 g Zartbitterschokolade
   150 g Sahne
   Butter und gemahlene
   Mandeln für die Form

🕐 Zubereitung: 40 Min.
🕐 Backzeit: 1 Std. 10 Min.
➤ Pro Stück ca.: 515 kcal

1 | Die Form fetten und mit Mandeln ausstreuen, kühl stellen. Für den Teig die Schokolade in Stücke brechen und im heißen Wasserbad schmel-zen. Butter mit Puderzucker schaumig rühren. Die Eier trennen. Eigelbe und ge-schmolzene Schokolade unter die Butter rühren.

2 | Backofen auf 175° vor-heizen. Eiweiße steif schlagen, Zucker einrieseln lassen und weiterschlagen, bis die Masse schön glänzt. Eischnee unter die Eier-Schokoladen-Masse ziehen. Mehl mit Mandeln mischen und unterheben.

3 | Den Teig in die Form fül-len. Im Ofen (Mitte, Umluft 160°) 1 Std. 10 Min. backen. Den Kuchen herausnehmen, abkühlen lassen und aus der Form lösen.

4 | Die Konfitüre erwärmen und durch ein Sieb streichen. Die Schokolade in Stücke brechen. Zucker, 1/8 l Wasser und Schokolade bei mittlerer Hitze unter ständigem Rüh-ren 5 Min. köcheln , dann unter Rühren abkühlen lassen.

5 | Den Kuchen quer durch-schneiden. Mit der Hälfte der Konfitüre bestreichen. Zusammensetzen und die Oberfläche mit der restlichen Konfitüre bestreichen. Die Torte gleichmäßig mit dem Schokoladenguss überziehen.

6 | Für die Garnitur Schoko-lade im Wasserbad schmelzen und etwas abkühlen lassen. Sahne steif schlagen, die flüs-sige Schokolade unterrüh-ren und die Sahne in einen Spritzbeutel mit Lochtülle füllen. Auf der Oberfläche mit dem Tortenteiler oder einem scharfen Messer 12 Stücke markieren.

7 | 12 S auf Backpapier sprit-zen. Leicht antrocknen lassen, vorsichtig ablösen und auf dem Kuchen verteilen.

braucht etwas Zeit

# Baumkuchen

FÜR 1 KASTENFORM
VON 30 CM (16 STÜCK)

➤ 150 g Marzipan-
   rohmasse
   200 g weiche Butter
   100 g Puderzucker
   1 Päckchen Vanillezucker
   6 Eier
   120 g Zucker
   90 g Mehl
   100 g Aprikosen-
   konfitüre
   2 EL Orangenlikör
   200 g Zartbitter-
   Kuvertüre
   1 EL Kokosfett
   Fett und Backpapier
   für die Form

🕐 Zubereitung: 30 Min.
🕐 Backzeit: 40 Min.
➤ Pro Stück ca.: 345 kcal

1 | Den Backofen auf 250° (Oberhitze, Umluft 220°) vorheizen. Den Boden der Form mit Backpapier auslegen. Den Rand fetten.

2 | Das Marzipan klein schneiden. Mit Butter, Puderzucker und Vanillezucker cremig rühren. Die Eier trennen. Eigelbe nach und nach in die Buttermasse rühren. Eiweiße steif schlagen, den Zucker dazu rieseln lassen. Eischnee und Mehl unter die Masse ziehen.

3 | 2 gehäufte EL Teig auf den Formboden geben und gleichmäßig verstreichen. Im Ofen (oben) 4 Min. backen. Die Form herausnehmen,

2 EL Teig auf den gebackenen Teig streichen und backen. So weiterverfahren, bis der Teig verbraucht ist. Das ergibt 10–12 Schichten.

4 | Den abgekühlten Kuchen auf ein Kuchengitter stürzen. Konfitüre erwärmen, durch ein Sieb streichen und mit dem Orangenlikör verrühren. Den Kuchen damit rundum bestreichen.

5 | Kuvertüre grob hacken und mit dem Kokosfett im Wasserbad schmelzen. Den Kuchen damit überziehen. Aus Zuckerguss Streifen über die erkaltete Kuvertüre ziehen (Seite 11).

> **1** **Schichten backen**
> *Jeweils 2 EL frischen Teig auf schon gebackene Schichten streichen.*

> **2** **Aprikotieren**
> *Den Kuchen mit Aprikosenkonfitüre einstreichen.*

> **3** **Glasieren**
> *Kuvertüre von der Mitte aus über den Kuchen gießen und glatt streichen.*

In den Rezepten sind gelegentlich Zutaten enthalten, die weniger bekannt sind. Um das Einkaufen zu erleichtern, finden Sie hier dazu eine kurze Beschreibung.

## Backaromen

Die künstlichen Aromastoffe werden in Glasröhrchen in verschiedenen Geschmacksrichtungen angeboten.

## Backpulver

Es besteht aus Natron (Natriumbicarbonat) und Säure aus Weinstein und macht vor allem gerührte Teige locker und luftig. Auf das Haltbarkeitsdatum achten.

## Fettglasur

Sie ist wesentlich unkomplizierter zu verarbeiten, aber auch nicht ganz so fein wie Kuvertüre.

## Hefe

Ihre lebenden Mikroorganismen lassen, zusammen mit etwas Zucker, bei Wärme und Feuchtigkeit den Teig locker und luftig werden. Trockenhefe wird in Päckchen angeboten und ist länger haltbar.

## Honig

Sie können ihn anstelle von Zucker für die Zubereitung von Kuchen verwenden. Am besten flüssigen Blütenhonig nehmen.
100 g Honig = 80 g Zucker

## Kakaopulver

Es wird aus fermentierten, gerösteten Kakaobohnen gewonnen. Nach dem Mahlen der Bohnen wird ein großer Teil der Kakaobutter entfernt. Je nach Fettgehalt unterscheidet man schwach entöltes (mit 20% Kakaobutter) und stark entöltes Kakaopulver (mit 10% Kakaobutter).

## Kuvertüre

Sie enthält mehr Kakaobutter als Schokolade und Blockschokolade und lässt sich deshalb sehr gut schmelzen. Kuvertüre wird vorwiegend zum Überziehen von Kuchen verwendet. Die Verwendung wird auf Seite 10/11 beschrieben.

## Marzipan

Es wird aus gehäuteten, gemahlenen Mandeln, Puderzucker, etwas Rosenwasser und einigen Bittermandeln hergestellt.

## Mohn

Die ölhaltigen Samen der Mohnpflanze entwickeln ihren nussartigen Geschmack erst nach dem Mahlen.

## Nelken

Sie sind die getrockneten Blütenknospen des tropischen Nelkenbaumes. Zum Backen verwendet man gemahlenes Nelkenpulver. Es verleiht Gewürzkuchen, Honig- und Weihnachtsgebäck das typische Aroma.

## Roggenmehl

Es ist dunkler und kräftiger im Geschmack als Weizenmehl und wird vorwiegend für Brot verwendet. Für Kuchen einfach Weizenmehl mit etwas Roggenmehl mischen und etwas mehr Flüssigkeit dazugeben.

## Schokolade

Sie wird aus Kakaomasse und Zucker hergestellt. Fürs Backen wird sie geschmolzen, gerieben oder gehackt unter den Teig gemischt. Ob Zartbitter-, Vollmilch oder weiße Schokolade benötigt werden, Sie sollten für Kuchen immer Schokolade von guter Qualität nehmen.

### Speisestärke
Sie wird aus Kartoffeln, Mais, Reis oder Weizen gewonnen. Vor allem bei Rührteigen und Biskuitmasse wird Speisestärke mit Mehl gemischt und sorgt für eine feinporige Konsistenz. Sandkuchen, nur mit Speisestärke oder einem hohen Anteil an Speisestärke zubereitet, wird besonders zart.

### Trockenfrüchte
Datteln und Feigen werden nach dem Pflücken in der Sonne getrocknet.
Die aromastarken Aprikosen möglichst ungeschwefelt verwenden.

### Vanille
Die Schoten sind die länglichen Fruchtkapseln einer tropischen Orchideenart. Vor dem Gebrauch die Schote längs aufschlitzen und das Mark herauskratzen.

Schoten zum Aromatisieren verwenden.
Vanillinzucker wird aus gemahlener Vanilleschote hergestellt.
Vanillinzucker besteht aus künstlichem Vanillearoma und Zucker.

### Weinbeeren
Rosinen sind großfleischige, getrocknete Weinbeeren. Sie kommen vorwiegend aus Kalifornien. Sultaninen sind kernlose, getrocknete Weintrauben und etwas süßer im Geschmack. Korinthen heißen die kleinen, fast schwarzen Weinbeeren mit fruchtigem Aroma. Beliebt für Stollen und Früchtekuchen.

### Weizenmehl
Für Kuchen und Gebäck wird am häufigsten das feine helle Weizenmehl der Type 405 verwendet. Es hat eine besonders gute Backfähigkeit. Die Eiweißstoffe quellen beim Backen durch die Feuchtigkeit des Teiges. Das Mehl wird hierfür ohne Keim und Schale gemahlen.

Bei Weizenvollkornmehl wird das ganze Korn gemahlen. Es hat dadurch einen sehr viel höheren Gehalt an Mineralstoffen sowie an Vitaminen und Ballaststoffen. Dinkel, die Urform des Weizens, wird auch Spelzweizen genannt und enthält viel Klebereiweiß. Wird vor allem in der Vollwertbäckerei verwendet.

### Zimt
Die getrocknete Innenrinde des tropischen Ceylon-Zimtbaumes wird entweder in Stücken oder gemahlen angeboten.

### Zitronat und Orangeat
Die kandierte Schale der Zedratzitrone ist auch unter dem Begriff Sukkade bekannt. Orangeat ist die kandierte Schale der Pomeranze (Bitterorange).
Zitronat und Orangeat gibt es klein geschnitten zu kaufen.

## Zum Gebrauch

Damit Sie Rezepte mit bestimmten Zutaten noch schneller finden können, stehen in diesem Register zusätzlich auch beliebte Zutaten wie Mandeln oder Quark oder die Teigarten – ebenfalls geordnet und **halbfett** gedruckt – über den entsprechenden Rezepten.

## Die Autorin

**Christa Schmedes** lebt mit ihrer Familie in München. Sie arbeitet als freie Mitarbeiterin für namhafte Zeitschriften- und Buchverlage und in den Studios bekannter Foodfotografen. Seit 1993 schreibt sie als freiberufliche Autorin Koch- und Backbücher. Ihre Stärke ist, mit wenigen Zutaten schnelle und raffinierte Rezepte zu kreieren.

## Der Fotograf

**Kai Mewes** ist selbstständiger Food-Fotograf in München und arbeitet für Verlage und Werbung. Die stimmungsvollen Bilder sind Ausdruck seiner Hingabe, Fotografie und kulinarischen Genuss zu vereinen. Das Food-Design in diesem Buch trägt die Handschrift von **Daniel Petri**.

## Bildnachweis

FoodPhotographie Eising, Martina Görlach: Titelfoto
Alle anderen: Kai Mewes, München

© 2002 Gräfe und Unzer Verlag GmbH, München

Redaktionsleitung:
Birgit Rademacker
Redaktion:
Stefanie Poziombka
Lektorat:
Adelheid Schmidt-Thomé
Korrektorat:
Mischa Gallé
Satz und Herstellung:
Verlagssatz Lingner
Layout, Typografie und Umschlaggestaltung:
Independent Medien Design, München
Herstellung:
Helmut Giersberg
Reproduktion:
Repro Schmidt, Dornbirn
Druck und Bindung:
Druckhaus Kaufmann, Lahr

ISBN 3-7742-5456-7

| Auflage | 6. | 5. | 4. | 3. | 2. |
|---------|------|------|------|------|------|
| Jahr | 2007 | 06 | 05 | 04 | 03 |

GRÄFE UND UNZER

*Ein Unternehmen der*
GANSKE VERLAGSGRUPPE

## Das Original mit Garantie

# GU KÜCHENRATGEBER
## *Neue Rezepte für den großen Kochspaß*

ISBN 3-7742-4905-9

ISBN 3-7742-4906-7

ISBN 3-7742-4891-5

ISBN 3-7742-4882-6

ISBN 3-7742-4880-X

ISBN 3-7742-4907-5

*64 Seiten, 6,90 € [D]*

*Das macht die GU Küchenratgeber zu etwas Besonderem:*

➤ *Rezepte mit maximal 10 Hauptzutaten*

➤ *Blitzrezepte in jedem Kapitel*

➤ *alle Rezepte getestet*

➤ *Geling-Garantie durch die 10 GU-Erfolgstipps*

Änderungen und Irrtum vorbehalten.

## Gutgemacht. Gutgelaunt.

### REZEPT LESEN

> Lesen Sie sich das Rezept gut durch, bevor Sie mit dem Backen beginnen. Überprüfen Sie, ob Sie alle Zutaten für den Kuchen da haben. Butter z.B. kann dann rechtzeitig weich werden.

# Geling-Garantie fürs Kuchenbacken

### EI

> Die Eier für den Kuchen nicht über der Rührschüssel, sondern über einem anderen Gefäß aufschlagen. So kann ein nicht mehr ganz frisches Ei den Kuchenteig nicht verderben.

### BACKDAUER

> Sie kann je nach Ihrem Backofen und den verwendeten Formen unterschiedlich lang sein. Am besten prüfen Sie schon vor Ablauf der angegebenen Backzeit, ob der Kuchen fertig ist.

### KUCHEN WIRD ZU SCHNELL BRAUN

> Manchmal bräunt der Kuchen auf der Oberfläche schon zu stark, ist aber innen noch lange nicht gar. Dann müssen Sie die Backform mit Pergamentpapier abdecken.